聞いてみました！
日本にくらす外国人 2

監修 明治大学教授 佐藤 郡衛

インド・ネパール・トルコ・サウジアラビア

ポプラ社

はじめに

これからの日本をつくっていくみなさんへ

　みなさんのまわりに、外国から来た人はいますか。いま世界では、国をこえて生活する人たちがふえています。海外旅行をしやすい環境（かんきょう）がつくられたり、生活がゆたかになったりした国からは、旅行で日本に来る人たちがふえていますし、日本でくらし、学校に通ったり、工場や会社ではたらいたりする外国の人もふえつづけています。こうした人たちは、なぜ日本に住むようになったのでしょうか。その人それぞれに、理由がありそうですね。

　外国に住むというのは、どういうことでしょうか。みなさんが外国で生活することになったと考えてみてください。ことばがまったくわからない学校に行けば、大きな不安をかかえることでしょう。でも、その学校に日本人や自分を助けてくれる人がいたら、どんなにかうれしいですよね。

　また、食べもの、生活習慣（しゅうかん）、約束事など、日本のくらしとのちがいにも、とまどうことが多いはずです。同じように、わたしたちにとってはあたりまえすぎてうたがいもしなかったことが、外国の人からみると不思議に思うことも数多くあります。外国の人は、日本に来てどんなことが不思議だと思うのでしょうか。その理由も考えてみましょう。それが、ことなるくらしや歴史

▶在留外国人と訪日外国人の数

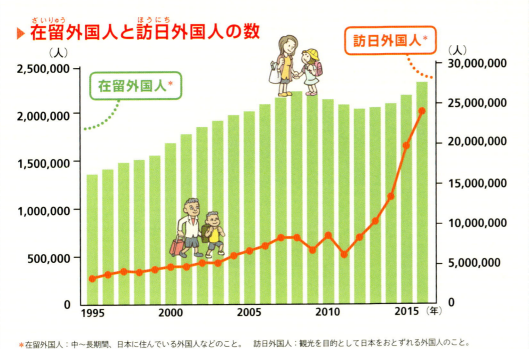

＊在留外国人：中～長期間、日本に住んでいる外国人などのこと。　訪日外国人：観光を目的として日本をおとずれる外国人のこと。
「在留外国人統計（旧登録外国人統計）統計表」（法務省）および「年別 訪日外客数, 出国日本人数の推移」（日本政府観光局〔JNTO〕）をもとに作成

をもつ人たちがおたがいに理解しあう「異文化理解」につながっていきます。

こうしたいくつかの疑問を日本に住む外国の人に聞いてみたのが、このシリーズです。シリーズ全体で20か国の人が登場しますが、この本では、インド・ネパール・トルコ・サウジアラビアから来た4人をとりあげています。ぜひ、ここに登場する人たちを通して、4つの国や文化について理解を深めてください。

日本には、これからもっともっと多くの外国の人が住むようになるでしょう。おたがいに理解を深めつつ、いっしょに新しい社会をつくっていく——この本が、そのための一つのステップになることを願っています。

2018年4月

明治大学教授　佐藤 郡衛

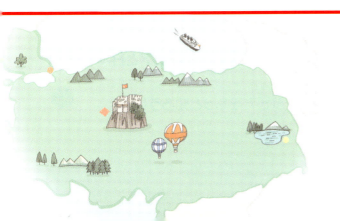

はじめに 2　　この本の読み方と特徴 5

インドから来た
スリラル・ヤムヤムさん　6
に聞きました

- わたしが来日した理由　7
- 日本での仕事とくらし　8
- 大切な人とのつながり　10
- 家族に聞きました
  妻　クリシュマさん　11
- スリラルさんの
  ここにびっくり！ インドと日本　12
- データ調べ
  インドをもっと知ろう！　15

ネパールから来た
モクタン・シャムさん　16
に聞きました

- わたしが来日した理由　17
- 日本での仕事とくらし　18
- 大切な人とのつながり　20
- 家族に聞きました
  妻　ワイバスニタさん　21
- シャムさんの
  ここにびっくり！ ネパールと日本　22
- データ調べ
  ネパールをもっと知ろう！　25

トルコから来た
ボール・オスマンさん　26
に聞きました

- わたしが来日した理由　27
- 日本での仕事とくらし　28
- 大切な人とのつながり　30
- 友人に聞きました
  幼なじみ　ギュルテペ・スワットさん　31
- オスマンさんの
  ここにびっくり！ トルコと日本　32
- データ調べ
  トルコをもっと知ろう！　35

サウジアラビアから来た
アルオウェシィール・アズハールさん　36
に聞きました

- わたしが来日した理由　37
- 日本での仕事とくらし　38
- 大切な人とのつながり　40
- 友人に聞きました
  元同僚　酒井直子さん　41
- アズハールさんの
  ここにびっくり！ サウジアラビアと日本　42
- データ調べ
  サウジアラビアをもっと知ろう！　45

さくいん　46

この本の読み方と特徴

それぞれの外国出身の方について、インタビュー取材などをもとに、大きく5つのことがらを紹介しています。

①日本に来た理由

名前
人物のフルネームなどを掲載しています。

来日の理由
日本に来ることになった理由を紹介します。

日本とのつながり
出生から来日した時期、来日後の状況までを紹介します。

母国
どのような国から来たのか、楽しいイラスト地図で紹介します。

②日本での仕事とくらし

日本での仕事とくらし
ふだんの仕事やくらしを紹介します。

こんなことまで聞いてみました！
くらしについて、よりくわしい質問に答えてもらいました。

③大切な人とのつながり

大切な人の紹介
家族や友人など、大切な人とのつながりを紹介します。

よく知る人へのインタビュー
家族や友人、職場の仲間などにお話を聞きました。

④ここにびっくり！

日本と母国の習慣・文化の比較
日本にくらしてみて、習慣や文化をくらべておどろいたことを紹介します。

⑤データ調べ

母国がわかる17データ
面積や人口、通貨など、その国の基本情報を17の項目で説明します。　※データの出典は48ページ。

会社役員
スリラル・ヤムヤムさん

息子
ハルシュくん

妻
クリシュマさん

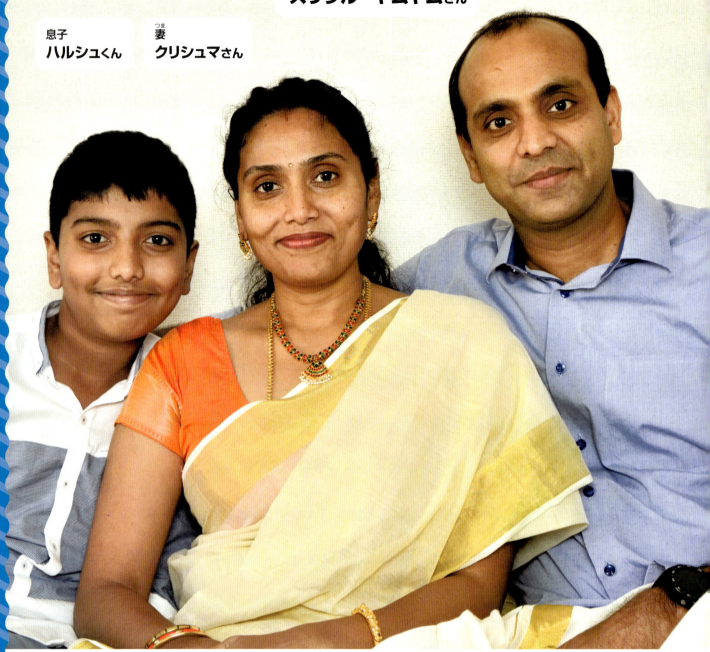

インド
から来た
スリラル・ヤムヤムさん
に聞きました

※フルネームはスリラル・ムーリイル・モワンチェリという。南インドのなかでも、とくにケーララ州ではおもに下の名前を使用し、名字は省略されるのが慣例である。スリラル・ムーリイル・モワンチェリは、スリラル M. M. と省略されるが、日本の会社ではたらきはじめたときにスリラル・ヤムヤムと表記された。

わたしが来日した理由
インドの会社の日本支社ではたらくことになったからです。

スリラルさんと日本のつながり

- **44年前**
インドのケーララ州で、3人きょうだいの長男として誕生。

- **22年前**
インドのSami Labs 社に就職。アラブ首長国連邦のドバイでの勤務も経験する。

- **16年前**
インドにもどり、結婚する。

- **12年前** 来日！
日本支社の業務部長に就任。数か月後に家族も来日。

- **現在**
日本支社の取締役をつとめる。

Q. 日本に興味をもったきっかけは何ですか？

わたしは、南インドの海ぞいのケーララ州で生まれました。首都デリーがある北インドにくらべると、南インドは外国人が少なく、わたしの子どものころは、日本人は周囲に1人もいませんでした。

でも、身のまわりには、時計やカメラ、携帯電話、車など、たくさんの日本製品があふれていて、「Made in Japan（日本製）」は品質がよいことで有名でした。

Q. どうして日本に来ることになったのですか？

大学卒業後、ハーブ*をあつかう会社に就職しました。世界各地に支社があり、日本支社（サビンサジャパン・コーポレーション）もその一つです。ある日、上司に「日本ではたらかないか？」と聞かれ、まよいなく「OK！」と答えました。日本についてはわからないことだらけでしたが、世界でいちばん安全な国という、よいイメージがあったからです。

2006年、妻と3歳の息子も来日し、家族3人で日本でくらしはじめました。最初に住んだのは、当時の職場に近い埼玉県所沢市。大きな公園があり、人びとのふんいきもよく、とても気にいりました。

日本語を勉強するために、地域のカルチャースクールと、東京都の高田馬場にある日本語学校に通い、ひらがなとカタカナを学びました。

来日した翌年の春、東京都の公園でお花見をした。

*ハーブ：薬や香辛料などに用いられる植物。

● スリラルさんの母国・インド（中央部）

ケーララ州は伝統的な医学の「アーユルベーダ」発祥の地といわれる。

日本での仕事とくらし

ハーブをあつかう会社ではたらくスリラルさんに、仕事やくらしについて聞きました。

健康食品や化粧品の原料をインドから輸入して販売する

わたしのつとめる日本支社には、現在、13人のスタッフがいて、わたし以外は全員日本人です。インドの伝統的なハーブなど約100種類の原料を日本に輸入し、健康食品や化粧品会社に販売しています。わたしは取締役として、インドと日本の橋わたし役となったり、ときどき韓国や台湾支社のサポートに行ったりしています。

インドでは、ハーブやスパイスなどの植物が、生活のなかでよく使われています。わたしの故郷ケーララ州は、インドに数千年以上前から伝わる「アーユルベーダ」という伝統的な医学が生まれた土地です。昔から、植物からとれるエキスの力で、病気やけがを治す習慣がありました。

日本支社の社長・梅原良之さん(右)と打ち合わせをするスリラルさん。

いまは、日本でもアーユルベーダが人気で、ケーララ州の施設に学びに来る人もいるほどです。

食事は右手だけで食べてはしやスプーンは使わない

来日してから今年で12年目。いまは、息子が通っているインド系インターナショナルスクールのある東京都江東区でくらしています。

日本に来たばかりのころは、日本語と日本の料理になれるのがたいへんでした。インドでは、公用語のヒンディー語や準公用語の英語のほかにも、たくさんの言語が話されています。わたしの場合、家族の会話はケーララ州のマラヤーラム語が中心ですが、

スリラルさんのある1日

6:30	起床	
7:00	朝食	
8:10	会社に出勤	
9:00	仕事	
13:00	昼食	▶ お弁当のカレーをあたためて食べる。
18:30	退社	
19:30	帰宅	▶ 家族でテレビを見るなど自由にすごす。
21:00	夕食	
23:00	就寝	

スリラルさんの会社の製品を原料としている健康食品や化粧品。

この日のメニューは南インドを代表する野菜カレー「サンバール」。米のクレープ「ドーサ」をちぎって、からめながら食べる。

仕事では英語と日本語を使います。日本語はむずかしいけれど、会話は不自由なくできるようになりました。日本の料理にもすっかりなれ、お寿司や天ぷら、ウナギなどを家族みんなで楽しんでいます。最近のわたしの好物は、あたたかいうどんです。

仕事以外の外食は、月に1回ていど。妻は料理が得意なので、いつも自宅でインド料理を食べています。はしやスプーンを使わずに右手だけで食べるのがインド流。ときどき日本人の友だちが来て、手で食べるのに挑戦していますが、むずかしいようです。

周辺の地域には インド人の友だちがたくさん

休みの日は、家族と買いものに行ったり、国内の観光地にドライブや旅行に出かけたりします。

江東区のとなりの江戸川区周辺には、たくさんのインド人が住んでいて、わたしがくらすマンションにも何家族か住んでいます。地域の公共施設では、インド人が集まるスポーツ大会やお祭りが開催されることもしばしばです。日本に来てからも、多くの友だちにめぐまれ、とても楽しい日々をすごしています。

江戸川区で開かれたインドフェスティバル「東京ディワリフェスタ西葛西」に参加した息子のハルシュくん(右はし)。

こんなことまで聞いてみました!

Q. 故郷の行事でいまも行っているのは?

「オーナム」

古代神話に登場する王さまが、年にいちど帰ってくるのを祝うとされるケーララ州最大のお祭り。花びらの装飾をつくって王さまを出むかえます。

Q. インドで人気のスポーツは?

「クリケット」

インドでテレビの視聴率がもっとも高いスポーツです。イギリス発祥のスポーツですが、インドは昔、イギリス領だったために広まりました。

大切な人とのつながり

インドにいる家族と、来日してから仲よくなったたくさんの友だちについて聞きました。

インドの両親は元教師

両親は、退職前は学校の教師をしていて、わたしは6年生まで、母が教えるクラスで授業を受けていました。両親や妹、弟とはパソコンやスマートフォンのアプリなどを使って、2日にいちどは連絡をとりあっています。8年前、両親が日本に遊びに来たときに、東京都の浅草や広島県を観光したのがとてもいい思い出です。

スリラルさんと妻のクリシュマさん（中央）と、妹さんの家族たち。

インド人のコミュニティは多種多様

東京都の江戸川区には、インド人の集まり（コミュニティ）があります。ただし、そのコミュニティも北インドや南インド、さらに細かい地域ごとというように、たくさんのグループに分かれています。コミュニティを通じて知りあった友だちとは、お祭りやイベントをいっしょにしています。

インド人の仲間とは、毎年バーベキューをしている。

お世話になっている日本人夫婦も大切な存在

日本ではたらきはじめた当初から、仕事でもプライベートでもお世話になっているのが、弁理士※の箱田篤さんと奥さんの悦子さんです。3年前には、夫妻とわたしの家族で、いっしょにインド旅行を楽しみました。

北インドの有名な寺院タージ・マハルの前で。

家族や友だちとすごす時間をとても大切にしています！

※弁理士：特許などの知的財産に関する専門知識をいかして仕事をする人。

家族に聞きました

スリラルは、とてもたよりになる夫です。

妻 クリシュマさん

インドは9割が「お見合い結婚」

インドの結婚は日本とはちがい、親が結婚相手を決めるのがほとんどです。結婚相手の条件には、まず宗教や職業があり、次に生まれた日時などを占星術といううらないでみて、相性がよいと、はじめて本人どうしが顔を合わせます。結婚式を終えるまで、ほとんど相手のことを知らないままのことも多いのです。わたしとスリラルも、そのようにして結婚しました。

インドでは、家庭どうしの結びつきが大切にされます。夫婦でけんかをすることがあっても、親族があいだに入って話しあい、離婚することはあまりありません。

新しい日本の生活にワクワク

日本でくらすことが決まっても、不安はちっともありませんでした。わたしは知らない土地を旅するのが好きだし、新しい環境にワクワクするタイプだからです。日本で最初に住んだ埼玉県所沢市には、インド人はわたしたちくらいしかいませんでしたが、近所のみなさんはとてもやさしく接してくれました。どこに行っても町がきれいだし、電車やバスはいつも時間通り。インドとのあまりのちがいにおどろいたのを覚えています。

スパイスはインドで調達

インドの母に家庭料理を習い、いまも料理をするのが大好きです。日本ではインドのスパイスが高いので、帰国したときにいつも大量に購入して、日本でも地元の味を再現しています。スリラルが会社にもっていくお弁当もインドカレーが多いですね。ときにはオムライスなどもつくります。

インドにいたころは、町まで買いものに行くのにバスで30分もかかりましたが、いま住んでいる江東区は徒歩圏内で買いものがすむので、とても便利です。近所には友人もいるし、インドの食材店もあるので、何も不自由はありません。

豆をつぶしてドーナツのように油であげた南インドの料理「ワダ」。

キッチンにはいつも十数種類のスパイスがそなえてある。

スリラルさんの ここにびっくり！ インドと日本

南インドも日本もお米が主食！

南インドの定食「ミールス」。バナナの葉の上でおかずをまぜて手で食べる。

年に数回の特別な食事では、床(ゆか)の上にしきものをしいて、そこに食事をならべて食べる。

日本のお米もおいしいよね！

カレーとごはんはべつべつの器にもりつける

　インドは、北部と南部で食文化がちがいます。北インドでは小麦を使ったナンやロティ、チャパティといったパンを主食にすることが多く、料理はあまい味つけが好まれます。一方、わたしの生まれた南インドはお米が主食で、スパイシーな味わいの料理が人気です。わたしがよく食べるお米は、バスマティというとても香(かお)りがいい品種です。

　インドのお米は細長くパラパラっとしているのに対して、日本のお米はだ円形でねばりがあり、種類はまったくちがいます。

　インドのカレーは、日本のカレーライスとはちがい、カレーとごはんがべつべつの器に入れられて出てきます。それを、食べる直前に手でまぜるのです。

　また、南インドではバナナの葉の上に、ごはんを中心にカレーやスープ、デザートなどがもりつけられた、日本の定食のようなものも食べられています。

日本の乗りものはいつも静かでびっくり！

インドでは車内の通話がマナー違反ではない

インド人はとてもオープンな性格で、電車やバス、お店などでとなりどうしになったら、見知らぬ人でもよく話をします。「どこに行くの？」「どんな仕事をしているの？」と聞くこともあります。また、携帯電話で話している人もいるので、周囲はいつもにぎやかです。

東京では、初対面の人どうしが話すことはほとんどないし、電車やバス内の通話はマナー違反なので、いつもシーンとしていますね。インドの知人から電話がかかってきて「いま電車のなかだから切るね」と言ったら、「なんで電車だと切るの？」とおどろかれました。

インド　スリラル・ヤムヤムさん

日本の100円ショップはすごく便利！

種類が豊富で質もよい雑貨を買うのにピッタリ

日本の100円ショップには、雑貨や食品、便利グッズなど、たくさんの商品が置かれています。しかも、品質がよいので、わたしもよく電池などを買いに行きます。

以前、アラブ首長国連邦のドバイに住んでいたときも30ディルハム*（約100円）均一などのショップがありましたが、インドにはまだそういうお店がありません。

＊ディルハム：アラブ首長国連邦とモロッコで使われている通貨の単位。

ドバイの30ディルハム（約100円）ショップ（右）。

100円ショップでは、いろいろな商品が売られている。

日本は服装の決まりがきびしくない！

インドでは学生も社会人もドレスコードはきっちりまもる

　インドでは、特別な日のドレスコード（服装の決まり）が大事にされています。日本は公立小学校の多くで制服がありませんが、インドでは小学校から高校まで制服をきちんと着なくてはいけません。大学は制服がありませんが、だらしない服装だと親や先生からきびしく注意されます。

　おとなになると、結婚式やお祭り以外でも、よく民族衣装を着ます。女性の場合は「サリー」や「サルワール」など、美しい刺しゅうやビーズをほどこしたものを、男性は襟がないシャツタイプの「クルタ」やヒンドゥー教の腰布「ドーティ」などを状況に合わせて着こなします。

ドーティを身につけたスリラルさん（左）とサリーを着た妻のクリシュマさん（右）。

インド人が多く住む東京都の江戸川区

　東京都江戸川区には、日本に住むインド人の約1割がくらしています。1990年代の後半から、情報技術（IT）関連の技術者が来日し、都心へのアクセスのよい江戸川区周辺に多く住むようになったといわれています。現在は、インド人の大小さまざまな集まり（コミュニティ）が存在し、インド人の子どもが9割をしめるというインターナショナルスクールや、インド料理店、インドの食材店などもあり、たいへんにぎわっています。なかでも、「東京ディワリフェスタ西葛西」が開かれる江戸川区の西葛西は、「東京のリトル・インディア（小さなインド）」とよばれることもあります。

息子のハルシュくんが通うインターナショナルスクールのもよおしもの。学校にはインド人の子どもが多く通っている。

データ調べ インドをもっと知ろう！

① **正式名称** インド
② **首都** デリー
③ **面積** 328万7,000km² （日本は37万8,000km²）
④ **地勢** 大きく3つの地域（ヒマラヤ山岳地帯、ヒンドスタン平原、インド半島）に分かれている。
⑤ **人口** 13億3,918万人〈2017年〉
（日本は1億2,558万4,000人〈2017年〉）
⑥ **おもな言語** ヒンディー語（連邦公用語）、英語（準公用語）
⑦ **民族** インド・アーリヤ系72％、ドラビダ系25％など。
⑧ **宗教** 約80％がヒンドゥー教。そのほか、イスラム教14％、キリスト教2％など。
⑨ **通貨** ルピー
⑩ **日本とデリーの時差** 日本より3時間30分おそい
⑪ **東京とデリーの距離** 5,915km
⑫ **デリーの平均気温** 〈1月〉14.1℃ 〈7月〉31.4℃
（東京の平均気温は、〈1月〉5.2℃、〈7月〉26.4℃）
⑬ **平均寿命** 男性67歳、女性70歳〈2015年〉
（日本は男性81歳、女性87歳〈2015年〉）
⑭ **日本にくらすインド人の数** 2万8,667人〈2016年〉
⑮ **インドにくらす日本人の数** 9,147人〈2016年〉
⑯ **世界遺産登録数** 36件〈2017年〉

※揮発油：ガソリンや、しみぬきなどに使うベンジンなど。

多くの人や屋台で活気のある首都デリー。

インド北部にある世界遺産「タージ・マハル」。

⑰ **日本との貿易**

◆日本からインドへの輸出
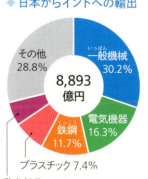
8,893億円
- 一般機械 30.2％
- 電気機器 16.3％
- 鉄鋼 11.7％
- プラスチック 7.4％
- 自動車部品 5.6％
- その他 28.8％

◆インドから日本への輸出
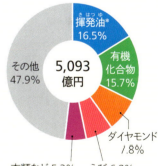
5,093億円
- 揮発油* 16.5％
- 有機化合物 15.7％
- ダイヤモンド 1.8％
- えび 6.8％
- 衣類など 5.3％
- その他 47.9％

〈2016年〉

> 北と南でちがう文化を味わえるインドにいちど遊びに来てね！

※データの出典は48ページ。

プログラマー
モクタン・シャムさん

ネパール
から来た
モクタン・シャムさん
に聞きました

わたしが来日した理由
技術先進国の日本でプログラミングを学ぶためです。

シャムさんと日本のつながり

- **25年前**
ネパールのシンドゥパルチョーク郡で3人きょうだいの次男として生まれる。

- **9年前**
シャムさんが中学生のときにお兄さんが日本に留学。高度な教育を受けるため、家族で首都カトマンズへ引っこす。

- **7年前**
高校2年生のときに、半年間つきあった彼女と結婚。

- **6年前** 来日！
岐阜県にある日本語学校への留学で来日。

- **2年前**
埼玉県の専門学校を卒業後、東京都の情報技術（IT）企業に就職。

Q. 日本に興味をもったきっかけは何ですか？

高校生のときに、日本のテレビアニメ『NARUTO-ナルト-』がネパールで人気になっていました。主人公のナルトの口ぐせ「だってばよ」がとても気になって、意味を知りたいと、日本語を勉強するようになりました。

Q. どうして日本に来ることになったのですか？

ネパールでは、大学教育の水準が発展途上であるため、多くの学生が外国への留学をめざします。

わたしの兄も日本に留学していて、「留学をするなら、日本が安全でいいよ」とすすめてくれていました。

また当時、プログラミングで動く、ロボット工学にも興味があったため、科学技術の先進国である日本で学びたいと、妻といっしょに日本留学を決めました。

技術先進国で大都会が広がる日本を夢みて来日しましたが、最初にくらした街は、岐阜県岐阜市でした。来日直後、車で名古屋空港から岐阜まで移動する道すがら、窓から見える風景が、じょじょにネパールの田舎とよくにた田園風景に変わっていったので、内心不安でした。正直、ネパールの首都カトマンズのほうが都会だと思いましたが、日本語の習得が第一と、妻と2人ではげましあい、田植えのアルバイトをしながら、岐阜の日本語学校で1年半勉強をがんばりました。

日本に留学中のお兄さん（左）とシャムさん（右）。

● シャムさんの母国・ネパール

首都カトマンズにある渓谷「カトマンズの谷」は世界遺産のひとつ。

日本での仕事とくらし

東京のIT企業ではたらくシャムさんに、仕事やふだんの食事のことなどを聞きました。

ITの専門学校で勉強後、プログラマーとして就職

　岐阜県の日本語学校を卒業したあとは、埼玉県にある情報技術（IT）の専門学校に入学しました。そこで2年間、ITの基礎知識やプログラミング言語を勉強し、東京都にあるIT企業に就職。プログラマーとしての道を歩みはじめました。

　現在、鉄鋼会社の販売システムを開発しているのですが、いちばん苦手なのが、大まかなプログラムの設計を記述した設計書の作成です。専門用語を日本語でまとめるのがむずかしく、プログラミング言語と日本語の両方をより深く勉強することで、苦手意識を克服しようとしています。

日本人の仕事に対する責任感に感動

　責任感をもって仕事にとりくむ姿勢は、日本人の会社の先輩から学びました。ネパールにいたころ、わたしのまわりにいた人たちの多くは、仕事を適当にすませていて、あまり責任感がありませんでした。

　わたしの父は、大工として会社を経営するかたわら、コンピューター好きのわたしのために、パソコンショップを開いてくれたのですが、そこではたらく従業員たちは、商品であるパソコンを大切にあつかっていませんでした。修理をたのまれたお客さまのパソコンも、ぞんざいにあつかっていて、わたしもそれがあたりまえだと思っていました。そのため、お客さまの要望に責任をもってこたえる日本人の仕事に対する姿勢に、とてもびっくりしました。

社内の打ち合わせでは、とりくんでいる仕事の報告などをする。

ネパールの定番料理はダルバート・タルカリ

　仕事が終わると、まっすぐ家に帰ります。週3回

仕事中はもくもくとノートパソコンでプログラミングに専念する。

シャムさんのある1日

- 6:00 起床
- 7:00 朝食 ▶ インターネットでニュースと天気予報を確認してから家を出る。
- 9:00 出勤
- 12:00 昼食 ▶ 会社の仲間と外食するか、コンビニで弁当を買って食べる。最近は中華料理にはまっていて、中華料理店に行くことが多い。
- 18:00 退社
- 21:00 夕食 ▶ 夕食後、プログラミング言語や日本語の勉強をする。
- 0:30 就寝

ネパールの定番料理ダルバート・タルカリ。ダル（豆のスープ）と、チキンカレー、皿にはバート（白飯）とタルカリ（炒めもの）、アチャール（ピクルス）がのっている。

ほど、妻が夕飯にダルバート・タルカリというネパールの定番料理をつくってくれます。ダルはレンズ豆や緑豆などを使った豆のスープ、バートは白飯、タルカリはネパールのおかずで、クミンやコリアンダーなど、カレーに使うスパイスで野菜や肉を炒めたものです。この定番料理は、日本のみそ汁とごはん、おかずといった組みあわせににています。

家にいるときには、パソコンをしたり、スマートフォンでネパールや日本のニュースサイトを見たりして、のんびりすごしています。最近、ネパールで話題のニュースは、ネパール初の国民的アイドルが決まったことです。これまで、ネパールにアイドルはいなかったのですが、オーディションによって選抜され、ネパール中が注目しています。

ネパールからもってきた仏像。仏教徒として、毎日おいのりしてからねむる。

こんなことまで聞いてみました！

Q. 名前「シャム」の意味・由来は？

「クリシュナのニックネーム」

クリシュナはヒンドゥー教の神様で、祖父が名づけてくれました。ネパールではヒンドゥー教の神様から名前をとることがよくあります。

写真提供：Infinite Eyes/flickr

Q. ネパールでいちばん有名な日本人は？

「田部井淳子」

女性として世界で最初にエベレスト山に登頂した登山家です。ネパールの小学校の教科書にのっているため、ネパール人の多くが知っています。

大切な人とのつながり

シャムさんにネパールの家族のことや、日本の家族のことを聞いてみました！

きびしいお父さんとやさしいお母さん

　わたしの父はとてもきびしい人で、わたしたち3人きょうだいはよくしかられていました。ときには竹刀のような木製のこん棒でたたかれることも。そのたびに、母が父に「たたかないで」とお願いしてくれました。母はとてもやさしい人です。

　そんなきびしい父ですが、自分が十分な教育を受けてこなかったこともあり、子どもの教育には熱心でした。子どものために田舎から教育制度が整っているカトマンズへと引っこしたり日本への留学を応援してくれたり、ほんとうはやさしい人なのです。

ネパールにくらすお父さん（左）とお母さん（右）。

妻には一目ぼれ 18歳のときに結婚

　妻との出あいは、わたしの兄と妻のいとことの結婚式です。結婚式に参列する妻に一目ぼれをしてしまったのです。その当時、わたしはまだ高校生で、妻は大学生。おたがい勉強がいそがしかったため、結婚式以来、会うことはありませんでした。しかし、1年たっても、妻のことがわすれられず、おもいきって連絡先を聞きだして、交際を申しこみました。それから半年間おつきあいをして、高校2年の18歳のときに結婚しました。

結婚式でのシャムさんと妻のワイバスニタさん。

お祭りは兄夫婦や友人と祝う

ネパールの料理を囲んで、みんなでお祝いする。

　ネパール最大のお祭り、「ダシャイン」と「ティハール」では、東京に住む兄夫婦とネパールの友人がわが家に集まり、お祝いをします。どちらもヒンドゥー教のお祭りですが、仏教徒のわたしもいっしょに祝っています。日本人がクリスマスを祝う感覚と同じですね。

日本にいてもネパールのお祭りをみんなで祝っています！

家族に聞きました

夫と2人で、日本に行くことを決めました。

妻
ワイバスニタさん

大学をやめて、結婚、留学準備

わたしは、20歳のときに夫と結婚しました。結婚するときには、2人で日本に留学することを決めていたので、わたしは結婚を機に大学をやめ、留学準備にとりかかりました。

一般的にネパールでは、結婚すると妻は夫の家に住みます。そのため、留学前の1年間は、夫の家でくらしました。お父さんとお母さん、夫の兄夫婦と弟、そしてわたしたちの7人家族です。とてもにぎやかだったため、日本に来たばかりのころは、夫と2人のくらしがとてもさびしく感じられ、なれるのに時間がかかりました。

女性の多くは20代で結婚

20歳で結婚することは、ネパールの社会では、めずらしいことではありません。女性の場合は、30代になると結婚相手が見つからなくなるため、ほとんどの女性が20代で結婚します。

10年くらい前までは、10代で結婚する人もたくさんいました。女性は学校に行かず、結婚して家庭に入るのがあたりまえの時代でした。しかし、いまでは多くの女性が大学に進学し、就職をしています。女性の社会進出がめざましく、結婚してもはたらきつづける女性がふえています。

ネパール人の寿命は日本人より短い

わたしの母は、学校の職員スタッフとしてはたらきながら、わたしを育ててくれました。母の世代は教育を受ける人が少なかったため、子どもには、いい教育を受けさせたいという思いが強いようです。わたしが大学に進学したときも「もっと勉強がしたかったら、大学院に行ってもいいよ」とよく言ってくれました。

そんな母も、あと数年で60歳。日本では、60歳というとまだまだ元気でハツラツとしたイメージがありますが、ネパールではそんなことはありません。ネパール人の平均寿命は、日本人よりも10歳以上短いのですが、母にはもっともっと長生きしてもらいたいです。

ネパール　モクタン・シャムさん

奥さんのほしいものは何でも買ってあげるというやさしいシャムさんと、料理じょうずなワイバスニタさん。

シャムさんの ここにびっくり！ネパールと日本

ネパールの喪服は白色だけど……。

街を歩いていても、喪に服している人は一目でわかる

　日本の葬式では、黒色の喪服を着るのがマナーですが、ネパールの喪服は白色が基本。白い衣装に白い帽子、白いくつと全身白ずくめです。また、日本の場合、葬儀や初七日など、儀式のときにだけ喪服を着ますが、ネパールではなくなったその日から1年間は喪に服す*ため、そのあいだはずっと白い服を着て生活をします。そのため、街を歩いていても、どの人が喪に服しているのかが、すぐにわかります。

　さらに、なくなってから13日間は、塩を口にしたり、牛乳を飲んではいけません。こうした喪に服する風習は、ヒンドゥー教のものですが、ネパールでは、仏教徒の人たちも同じ風習にのっとっています。

日本の喪服も昔は白色だった

　日本の喪服が黒色になったのは、明治時代以降。それまでは、喪主や参列者もなくなった人と同じ白装束を着ていました。その歴史は長く、1000年以上といわれています。明治になって、洋服の着用がすすめられるようになると、喪服も欧米にならって黒色に変わっていきました。

*喪に服す：近親者がなくなったときに、一定の期間物事をつつしむこと。

日本人は時間に正確!!

時間にルーズなネパールには時給制のアルバイトがない

これはよくいわれることだと思いますが、日本人の時間の正確さにはおどろきました。とくにびっくりしたのは、電車の到着時刻と発車時刻。そもそもネパールでは電車を見たことがなく、日本に来てからはじめて電車を見て、乗りおりしました。ホームのアナウンス通りに電車が到着したので、びっくり仰天でした。

一方、ネパール人は時間にルーズで、約束した時間よりも15分、30分おくれるのはあたりまえです。ネパールには、日本のような時給制のアルバイトというはたらき方もなく、遅刻してもズル休みをしても、もらえる給料は毎月同じ。時間にあまりしばられていない国民なのかもしれません。

世界のなかでも日本の電車はとても正確に運行している。

時刻表通りにやって来る日本の電車に感動!

ネパール モクタン・シャムさん

レンガづくりの家がほとんどない……。

夏はすずしく冬はあたたかいレンガの家

ネパールの首都カトマンズは盆地で、夏は暑く、冬は寒いのが特徴です。そのため、家の多くはレンガづくりです。レンガづくりの家は、夏はすずしく、冬はあたたかいため、ネパールの気候にてきしているのです。日本は地震が多いので、レンガづくりの家はほとんどありませんね。地震に強い日本の家づくりの技術を、ネパールにも伝えていけたらいいなと思います。

わたしの実家もレンガづくりなんだよ。

シャムさんのお父さんが建てたネパールの実家。

はしを使って食べるのは至難の技⁉

ネパールでは
はしは使わず、素手で食べる

　ネパールでは、ヒンドゥー教の影響でごはんは右手で食べるのがマナーです。左手はトイレでおしりをきれいにするための手なので、使ってはいけません。そのため、日本ではしの使い方にこまらないように、来日前に、はしを使う練習をしていました。はしの持ち方と使い方は、インターネットの動画サイトを見て覚え、はし自体は、大工の父にたのんでつくってもらいました。つくってもらったといっても、父からもらったのは、ただの木製の細い棒。内心は「はしとぜんぜんちがうんだけど……」と思いながらも、ごはんにカレーをよくまぜて、はしでつかむ練習をしていました。

日本人のあるしぐさにびっくり！

小指を立てるのは
「トイレに行きたい」という意味

　コンビニのアルバイトをしているときに、いっしょにはたらいていた日本人が小指を立てて、「（これは）いる？」と聞いてきたことがありました。ネパールでは、小指を立てるしぐさは「トイレに行きたい」という意味。トイレの場所を聞きたいときなどに使います。「この人はトイレに行きたいのかな？」としばらく考えていましたが、あまりに通じないわたしを見て、「日本では小指は、恋人という意味があるんだよ」と教えられ、びっくりしました。

データ調べ ネパールをもっと知ろう！

❶ 正式名称	ネパール連邦民主共和国	
❷ 首都	カトマンズ	
❸ 面積	14万7,000km² （日本は37万8,000km²）	
❹ 地勢	左右に長く、北部は中国、南部はインドと接している。世界でもっとも高いエベレスト山がある。	
❺ 人口	2,930万5,000人〈2017年〉（日本は1億2,558万4,000人〈2017年〉）	
❻ おもな言語	ネパール語（公用語）	
❼ 民族	チェトリ人、ブラーマン人、マガール人、タルー人、タマン人、ネワール人、カミ人など多くの民族がいる。	
❽ 宗教	約80％がヒンドゥー教。そのほか、仏教、イスラム教など。	
❾ 通貨	ネパール＝ルピー	
❿ 日本とカトマンズの時差	日本より3時間おそい	
⓫ 東京とカトマンズの距離	5,166km	
⓬ カトマンズの平均気温	〈1月〉10.9℃ 〈7月〉24.3℃（東京の平均気温は、〈1月〉5.2℃、〈7月〉26.4℃）	
⓭ 平均寿命	男性68歳、女性71歳〈2015年〉（日本は男性81歳、女性87歳〈2015年〉）	
⓮ 日本にくらすネパール人の数	6万7,470人〈2016年〉	
⓯ ネパールにくらす日本人の数	1,107人〈2016年〉	
⓰ 世界遺産登録数	4件〈2017年〉	

首都カトマンズには仏教を信仰するための塔「仏塔」が多くある。

世界でもっとも高いエベレスト山は、標高が8,848mある。

⓱ 日本との貿易

◆ 日本からネパールへの輸出　◆ ネパールから日本への輸出

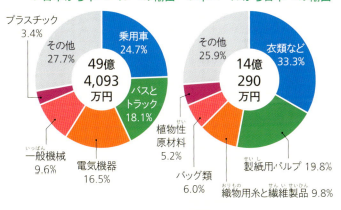

日本からネパールへの輸出　49億4,093万円
- 乗用車 24.7%
- バスとトラック 18.1%
- 電気機器 16.5%
- 一般機械 9.6%
- プラスチック 3.4%
- その他 27.7%

ネパールから日本への輸出　14億290万円
- 衣類など 33.3%
- 製紙用パルプ 19.8%
- 織物用糸と繊維製品 9.8%
- バッグ類 6.0%
- 植物性原材料 5.2%
- その他 25.9%

〈2016年〉

> ネパールと日本の交流が、これからもっとさかんになることを願っています！

※データの出典は48ページ。

料理教室講師
ボール・オスマンさん

トルコ
から来た
ボール・オスマンさん
に聞きました

わたしが来日した理由

テレビドラマを見て、日本にあこがれていたからです。

オスマンさんと日本のつながり

- **38年前**
トルコの東部のワン県で生まれる。7人きょうだいの5番目。

- **20年前**
高校を卒業し、イスタンブールにある、お兄さんが経営する雑貨店ではたらく。

- **18年前**
はじめて日本を旅行し、その後3〜4回日本をおとずれる。

- **7年前** 来日！
日本に住み、レストランではたらきはじめる。

- **現在**
トルコ料理の料理教室の講師として活躍している。

Q. 日本に興味をもったきっかけは何ですか？

トルコには日本好きな人が多くいて、子どものころから日本のことを身近に感じていました。また、わたしは日本の武道である空手も習っていたので、とくに日本に興味をもっていました。

それから、『日本巌窟王*』という日本のテレビドラマも大人気でしたね。家族全員で楽しく見ていましたよ。サッカーの試合があっても、家で何か用事があっても、全部ストップして、欠かさず見ていたほどです。1980年代以前に生まれたトルコ人は、だれでもこの番組のことを知っているのではないでしょうか。

Q. どうして日本に住むことになったのですか？

20歳のとき、はじめて日本を旅行しました。エスカレーターやエレベーターがどこにでもあって、トルコではめずらしい24時間営業のコンビニでは、公共料金の支払いもできて、便利でおどろきました。じっさいにおとずれて、子どものころからあこがれていた通りのよい国だとわかり、日本に住みたくなりました。

高校時代から料理人である父の仕事を手伝ったり、レストランではたらいたりしていたので、日本でも料理の仕事をしようと思いました。

高校卒業後、イスタンブールではたらいていたころのオスマンさん。日本人の客もおとずれるお店だった。

● オスマンさんの母国・トルコ

首都アンカラには、そびえ立つ城壁が有名なアンカラ城がある。

*日本巌窟王：1979年にNHKで放送されたテレビドラマ。江戸時代の九州を舞台にしていた。

日本での仕事とくらし

自宅でトルコ料理の教室をしているオスマンさんに、現在の仕事とくらしのことを聞きました。

仕事をしながら日本語を覚えた

トルコでは料理人もしていたので、日本に住みはじめたときにも、その技術をいかして日本のトルコ料理店ではたらいていました。店は、経営している人もはたらいている人もトルコ人ばかり。日本語を覚えたかったので、日本人といっしょにはたらけるイタリア料理の店でも仕事をしました。

自宅で本格的なトルコ料理教室を開く

現在は、日本人にトルコ料理を教える仕事をしています。自宅を教室にして、毎回、メニューやテーマを決めて、生徒さんとつくって食べる楽しい教室です。日本では、トルコ料理のことはあまり知られていません。トルコを旅行してトルコ料理が好きになったけれど、日本では食べられるところが少ないし、ふつうの料理教室では教えてもらえない、とわたしの教室にやってくる人もいます。教室となる自宅は東京都ですが、都内だけでなく千葉県や茨城県から参加する人、静岡県や宮城県から新幹線を使ってやってくる人もいます。男性が多いのも特徴です。

日本の台所はけっして広くないが、きれいに整理して使っている。

トルコの紅茶「チャイ」。上のポットにこい紅茶を入れ、下のポットに入っているお湯で好みのこさにして飲む。料理教室でも生徒に好評の紅茶だ。

オスマンさんのある1日

- **7:00** 起床
- **8:00** 買い出し ▶ 今日の教室は魚料理のため、築地市場で新鮮な魚を買う。
- **9:00** 準備 ▶ 帰宅したら、料理教室のための仕こみをする。
- **11:30** 料理教室
- **16:00** かたづけ
- **18:30** 自由時間 ▶ 自分用にトルコ料理やイタリア料理をつくったり、研究のためにレストランへ行くことも。
- **24:00** 就寝

早起きして築地へ買い出し

トルコはイスラム教徒が多く、イスラム教で禁じられている豚肉は食べません。もっともよく食べるのが羊肉で、牛肉やとり肉も食べます。トルコは地中海や黒海に面しているので、魚介類を使った料理もあります。魚介類を使うメニューの日には、朝早くに築地市場へ買い出しに行きます。日本も海に囲まれているので、魚が新鮮でおいしいですね。

30〜40種類のスパイスを用意

トルコ料理は、中華料理・フランス料理とならんで世界三大料理といわれます。その特徴は、スパイスをたくさん使うことです。わたしは30〜40種類のスパイスをいつも用意していて、そのなかから4種類以上を選んで、自分の料理に使います。

トルコのパン「エキメッキ」。外はカリッと、中はフランスパンよりもしっとり。みっしりとつまった食感がする。

トルコ ボール・オスマンさん

ヨーグルトもよく使います。日本人はヨーグルトというとブルガリアのイメージが強いようですが、トルコとブルガリアとはオスマン帝国*の時代に同じ国だったので、にている料理があるのです。また、トマトやチーズなど、トルコ料理とイタリア料理の食材がにているのも、オスマン帝国が昔、イタリアまで領土を広げていたからです。わたしは料理教室のあと、気分転換にイタリア料理をつくることもよくあるんですよ。

日本のみなさんに、もっとトルコの料理を知ってほしいので、将来は自分の店を開いて、おいしいトルコ料理を広めていきたいと思っています。

*オスマン帝国：13世紀の終わりに現在のトルコ西部にたてられた国で、20世紀前半までつづいた。最盛期の16世紀中ごろには現在のハンガリーやブルガリア、エジプト、イランまで領土を広げた。

トルコ料理は多くのスパイスを使う。それぞれのスパイスにどんな作用があるのか、オスマンさんはたくさん勉強をした。

こんなことまで聞いてみました！

Q. 好きな歌は何ですか？

「365日の紙飛行機」

AKB48の曲で、歌詞がよくて、好きになりました。トルコから遠い日本にやってきた自分と、願いを乗せて飛んでいく紙飛行機の姿が重なります。

Q. 日本にもってきた大切なものは？

「ワン猫のマグネット」

出身のワン県は右と左で目の色がことなるワン猫で有名です。この猫の形のマグネットを日本でも使っています。

大切な人とのつながり

オスマンさんは、7人きょうだい。はなれてくらすトルコの家族について聞きました。

トルコの家庭はきょうだいが多い

わたしは7人きょうだいの5番目です。トルコの、とくにわたしが育った東部の地域では、きょうだいが多いのがふつうです。イスタンブールなど、ヨーロッパに近い西部の地域は、比較的少ないかもしれません。両親やきょうだいとは、電話でよくやりとりをしています。

おいやめいもふえて、1回電話をすると、何人もと話をして大さわぎになることも。インターネットで写真や動画の送りあいもするんですよ。

お祭りのときは電話をする

トルコには、年に2回、「シェケル・バイラム（砂糖祭）」と「クルバン・バイラム（犠牲祭）」という大きなお祭りがあります。そのときは、家族や親せきみんなと、そして仲たがいした友人とも、かならず話をするという風習があります。仲が悪くなっていても、このお祭りをきっかけにかならず仲なおりするのです。わたしも毎回電話をしますが、みんなと話をするので長電話になりますね。また、2回のお祭りのときには、子どもたちはお菓子がもらえるので、あちこちに出かけます。

弟さん（右から3番目）の結婚式で。左はしはお父さん、そのとなりがお母さん、息子さんをだいたオスマンさんのお兄さん。

父の影響で料理の仕事につく

料理が好きになったのは、料理人である父の影響です。父は、現在も大きな結婚式場のシェフ、兄もイギリスで料理の仕事をしています。

小さいころから父の職場についていき、料理の方法やスパイスの使い方を習いました。もっと勉強をしたいと、高校の夏休みにはトルコ料理のレストランではたらいて、知識や技術をみがいたこともあります。

はなれていても家族のことがいちばん！

友人に聞きました

オスマンが、好きな日本で活躍していることがうれしい。

幼なじみ
ギュルテペ・スワットさん

オスマンさんは遠慮しすぎ

オスマンとは、子どものころから仲がよく、もう25年のつきあいです。わたしの親せきがスパイスをつくっていて、オスマンが味も香りもいいと気にいっているので、日本までもってきました。

たのまれた分をもってきてみたら、ほんとうはもっと必要なようでした。仲のよいオスマンのたのみなので、いくらでももってくるつもりだったのに、遠慮していたようです。オスマンのよいところでもありますが、遠慮はしないでほしいと、ちょっとおこったんですよ。

スワットさんが来日し、ひさしぶりの再会を喜びあう2人。

日本は家が小さいのでびっくり

日本にいるオスマンをたずねてみて、家が小さいことにおどろきました。オスマンのトルコの家は、庭でにわとりを20羽くらい放し飼いにしていて、くだものの木も10種類くらいあります。オスマンの家族が来ても、きっとびっくりするでしょうね。トルコはきょうだいが多く、わたしは11人きょうだいで、友だちからよく「サッカーチームができるね」と言われました。きょうだいの数も家の大きさと関係しているのかもしれません。

オスマンさんのあだ名は「日本」

オスマンが、いま日本でくらしていることにはまったくおどろきません。子どものころから空手をやっていて、日本風のはちまきをして学校に来ることもありました。オスマンが日本好きというのは学校でも有名で、あだ名が「JAPON（日本の意味）」だったくらいです。

会えないのはさびしいけれど

もっと気軽に会いたいのですが、日本は遠いのでなかなか会いに来られません。今回会うのは2年ぶりです。ふだんはインターネットのビデオ通話でよく話しますが、やはりじっさいに会うとほんとうに楽しいです。あまり会えないのはさびしいですが、好きな日本で活躍しているのはうれしいです。遠慮しないでスパイスをたのんでくれたら、またもってきます。

くだものがたくさんなっている、トルコのオスマンさんの実家の庭。子どものころ2人はここでよく遊んでいた。

オスマンさんの ここにびっくり！ トルコと日本

● トルコでは有名な事件を日本人は知らない！

発売元：東映ビデオ　販売元：東映

エルトゥールル号（写真右）と、この事件をテーマにえがかれた映画『海難1890』のDVD（写真左）。

写真提供：串本町

日本とトルコのきずなはすばらしい！

遭難したトルコ人を日本人が助けた話がいまも有名

　トルコの人にとって、日本はとてもイメージのよい国です。1890年、オスマン帝国（後のトルコ）の軍艦「エルトゥールル号」が天皇を表敬訪問して帰る途中、台風にあって漂流し、沈没してしまいました。多くの犠牲者が出るなか、遭難現場に近い和歌山県串本の住民が救助活動をしてくれて、69人が助かりました。トルコではこのできごとが言い伝えられていて、いまでも日本によいイメージをいだく人が多くいます。しかし、来日してみると、このことを知らない日本人が多くて、びっくりしました。

　ときがたって、イラン・イラク戦争*中の1985年、イランにいた日本人が国を出ようとしましたが、日本からの救援の飛行機が来られなくなるという事態が起こりました。そのとき、トルコ政府は日本人のための救援機を手配して、エルトゥールル号のお返しをしたのです。日本とトルコの友好のあかしであるこの2つの事件のことは、『海難1890』という映画にもなりました。

＊イラン・イラク戦争：1980〜1988年にかけて、領土問題をきっかけにイランとイラクのあいだで起こった戦争。

日本では勉強できる外国語が少ない!?

トルコでは小学生のうちから英語以外の外国語も勉強する

日本では、高校生までに学ぶ外国語は英語だけという人が多いそうですね。トルコでは、日本でいう小学校4年生くらいから外国語の授業があり、英語以外のことばも選択することができます。

わたしの学校では、フランス語やドイツ語、英語が選択できて、わたしはフランス語を勉強しました。

トルコは、シリアやブルガリアなど7か国と接している国。わたしが育ったワン県は、イランとの国境に近いところです。クルド語ということばを話す人も多く、わたしも話せます。子どものころから外国語に親しんでいると、外国語を学ぶのがじょうずになるそうですよ。

トルコ ボール・オスマンさん

学校で掃除のことを学んでいる！

日本は子どもでも掃除やゴミ出しのルールをまもる

わたしはマンションに住んでいますが、みなさん「もえるゴミ」「もえないゴミ」のルールをしっかりまもっていて、すばらしいと思います。トルコでは学校に掃除の時間はなかったので、日本では学校で掃除のことも教わると知って、たいへんおどろきました。だから、ルールをまもってゴミを出したり、おとなになってからもマナーの意識をもって行動できるのではないかと思います。

日本にも「こたつ」があった！

ふとんやこたつなど
トルコと日本には共通点もたくさん

　トルコのとくに東部は、くつをぬいで家に入り、いすではなく床にすわってごはんを食べる習慣があります。ベッドを使う人もいますが、床にふとんのようなものをしいてねることも、めずらしくありません。

　日本のくらしを知ると、日本とトルコに、にたところがたくさんあるなと思います。何よりおどろいたのが「こたつ」です。トルコにも、炭などを置いて上から布をかける暖房器具があります。はじめて日本のこたつを見たときは、うれしくなりました。

日本のお年よりが元気でびっくり！

トルコのお年よりは運動しない
日本のお年よりは若く見える

　日本のお年よりは、とても元気だと思います。わたしは朝早く市場に買い出しに行きますが、近所の公園では、80歳をすぎたおじいさんやおばあさんが、グループになって体操をしているところをよく見かけます。

　トルコでは、年をとるとあまり運動をしなくなり、70歳の人が自転車に乗ることもめったにありません。日本の70歳は、トルコの50歳くらいの印象で、若いなと感じます。80歳、90歳でも元気に活動する日本のお年よりは、すごいと思います。

データ調べ トルコをもっと知ろう！

- **① 正式名称** トルコ共和国
- **② 首都** アンカラ
- **③ 面積** 78万4,000km² （日本は37万8,000km²）
- **④ 地勢** 横に長い形で、イスタンブールのある西側はヨーロッパに面しており、平野が多く、東側はアジアに面していて丘陵地帯となっている。
- **⑤ 人口** 8,074万5,000人〈2017年〉（日本は1億2,558万4,000人〈2017年〉）
- **⑥ おもな言語** トルコ語（公用語）
- **⑦ 民族** 約65％がトルコ人。そのほか、クルド人、クリミア＝タタール人、アラブ人など。
- **⑧ 宗教** イスラム教が97.5％（スンナ派82.5％、シーア派15％）など。
- **⑨ 通貨** トルコ＝リラ
- **⑩ 日本とアンカラの時差** 日本より6時間おそい
- **⑪ 東京とアンカラの距離** 8,787km
- **⑫ アンカラの平均気温** 〈1月〉0.8℃　〈7月〉23.7℃（東京の平均気温は、〈1月〉5.2℃、〈7月〉26.4℃）
- **⑬ 平均寿命** 男性73歳、女性79歳〈2015年〉（日本は男性81歳、女性87歳〈2015年〉）
- **⑭ 日本にくらすトルコ人の数** 4,648人〈2016年〉
- **⑮ トルコにくらす日本人の数** 2,011人〈2016年〉
- **⑯ 世界遺産登録数** 17件〈2017年〉

世界遺産のカッパドキアでは、気球に乗って景色を見るのが人気。

西部の街イスタンブールは、ヨーロッパとアジアが合わさったような独特のふんいきがある。

⑰ 日本との貿易

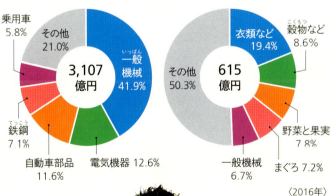

◆ 日本からトルコへの輸出

3,107億円
- 一般機械 41.9％
- 電気機器 12.6％
- 自動車部品 11.6％
- 鉄鋼 7.1％
- 乗用車 5.8％
- その他 21.0％

◆ トルコから日本への輸出

615億円
- 衣類など 19.4％
- 穀物など 8.6％
- 野菜と果実 7.8％
- まぐろ 7.2％
- 一般機械 6.7％
- その他 50.3％

〈2016年〉

親日家が多いトルコにぜひ遊びに来てね！

※データの出典は48ページ。

● わたしが来日した理由

すぐれた電気製品を生み出す日本で、技術を学びたかったからです！

アズハールさんと日本のつながり

- **33年前** サウジアラビア東部のカティーフ市で生まれる。
- **14年前** 高校を卒業後、サウジアラビアの大学に進学。
- **11年前** 来日！ 東京で日本語学校に通う。
- **9年前** サウジアラビア人の男性と結婚。神奈川県にある大学の工学部に進学。
- **2年前** 長男を出産。
- **現在** 子育てをしながら、茨城県にある研究所で研究をつづける。

Q. 日本に興味をもったきっかけは何ですか？

サウジアラビアでは、日本の電気製品の評判がよく、わたしの家でも日本製品ばかり使っていて、親しみがありました。

ほかの国の製品と比較しても、とてもじょうぶで、技術の進んだ国だというイメージをずっともっていました。

Q. どうして日本に来ることになったのですか？

サウジアラビアの大学で宗教学を学んでいましたが、思っていた内容とちがいました。また、ほかの大学とくらべてルールもきびしかったので、留学することにしました。

サウジアラビアでは、留学といえばアメリカやカナダへ行く人が多かったのですが、ほかの人の行かないところがいいと思い、べつの留学先を考えました。技術について学びたかったので、子どものころから電気製品で親しみのあった日本の大学で勉強したいと思ったのです。

日本に来て、まず日本語学校に2年間通いました。そのあと、大学の工学部に進み、原子力について学びました。卒業後も勉強をつづけ、現在は大学院の博士課程で、放射性物質をとりのぞく方法について研究しています。

日本の大学に入ったころに結婚し、博士課程に進んだころに息子を出産。研究と子育ての毎日です。

婚約中のころ、夫のハイダールさんと。

● アズハールさんの母国・サウジアラビア

カティーフは、ペルシア湾に面した都市。隣国のバーレーンにも近い。

日本での仕事とくらし

大学院で研究をしながら、子育てをしているアズハールさん。ふだんのくらしについて聞きました。

都会と田舎の「あいだ」がたくさんあっておどろいた

日本に来る前には、日本に対して、高層ビルだらけの都会と、畑や山などの田舎という2つのイメージしかありませんでした。しかし、じっさいに来てみると、その中間の景色がたくさんあっておどろきました。わたしが最初に住んだ東京都の江戸川区は、高層ビルのある都会とはぜんぜんちがいますが、田舎でもなく、せまいところに小さな家がたくさんあるのがおもしろいと思いました。

大学院で学びながら研究所にも通う毎日

サウジアラビアは、石油の原料となる原油の生産がさかんな国です。大学の工学部に進学し、最初は石油エネルギーのことを学びたいと思ったのですが、

実験だけではなく、論文を読んだり自分で書いたりするのも大事。深夜までパソコンに向かって勉強することも。

原油産出国とはちがい、日本では石油エネルギーの研究はあまり行われていませんでした。そこで、現在、大学院の博士課程では、原子力を中心に放射性物質をとりのぞく方法について学びながら、研究所にも通っています。

わたしは、事務的なことよりも自分で動くことのほうが好きなので、将来は発電施設などの現場で仕事をしたいと思っています。サウジアラビアでは、女性には事務職以外の仕事があまりなく、仕事も日本でつづけるのが希望です。

子育てと研究の両立はとてもたいへん

夫はサウジアラビアにいるため、息子の子育ては、わたし1人でしています。研究所への行き帰りに、息子を保育園へ送りむかえもし、日中は実験を中心に研究を進めて、帰宅後は息子のごはんづくりやねかしつけ。研究に必要な本や論文を読むと、深夜になってしまいます。とてもたいへんですが、息子の成長を感じられることがはげみにもなります。

研究所では、物質の性質の測定をするなど、化学的な実験をすることが多い。

アズハールさんのある1日

- **6:30** 起床
- **8:00** 研究所へ
  ▶ 息子のムジタバくんを車で保育園に送ってから、研究所へ行く。
- **19:30** 帰宅
  ▶ ムジタバくんに離乳食をつくって食べさせてから、自分の食事をする。ムジタバくんをねかしつけたら、論文や専門書を読むなど、勉強の時間にあてる。
- **2:30** 就寝

ママにたくさんあまえたいムジタバくん。

日本で手に入れづらいイスラム食材の調味料は、夫が送ってくれる。

サウジアラビア　アルオウェシィール・アズハールさん

日本での食事や食材は注意が必要

　サウジアラビアはイスラム教の国で、豚肉を食べることやお酒を飲むことは禁止です。また、禁止された食材ではなくても、イスラム教で決められた作法にのっとって加工された食材（ハラール）を使わなければなりません。とくに、肉類の加工には、作法が細かく決められています。日本のスーパーマーケットではそうした食材は手に入らないので、近所の同じイスラム教国のイラン料理店やインターネットの通信販売で購入しています。魚を使った食材でも、原材料を見ると「チキンエキス」が入っていたりするので、いつも注意しています。

アズハールさんの自宅には、おまもりや、友だちからの手紙、夫のハイダールさんの写真など、大切なものをかざるコーナーがある。

こんなことまで聞いてみました！

Q. サウジアラビアの主食は？

「お米」

日本のお米にくらべて細長く、ねばり気が少なくサラッとしています。手を使って食べますが、使っていいのは右手だけです。床にすわり、みんなで大皿を囲んで食べるのが伝統的なスタイルです。

Q. 新婚旅行はどこへ行ったの？

「サウジアラビアのメッカ」

メッカ（イスラム教の聖地）でいのりをささげると、過去のことがあらい流されるといわれます。結婚という新しい人生のはじまりにぴったりだと思い、夫と2人でおとずれておいのりをしました。

大切な人とのつながり

アズハールさんに、はなれていてもかたいきずなで結ばれているという家族について聞きました。

サウジアラビアと日本 はなれていてもだいじょうぶ

夫は、サウジアラビアで弁護士の仕事をしています。結婚したのは、日本で大学生になったころなので、結婚以来、ずっとはなれてくらしています。電話やスマートフォンのビデオ通話で毎日2回か3回は話をしているので、あまりさびしくはありません。わたしの学業を応援してくれています。

夫は、少しでも休みがとれると日本に遊びにやってきます。夫が日本にいるあいだは、よく旅行をします。関西地方や、沖縄、北海道などの国内のほか、韓国にも息子といっしょに3人で旅行しました。

家族思いの夫ハイダールさんは、少しでも休みがとれると日本に飛んでくる。

毎月の記念写真で 一人息子の成長を実感

息子のムジタバは、保育園では「ムジくん」とよばれています。わたしは「タータ」とよんでいます。ムジタバが、テレビアニメ『ノンタン』のキャラクター「タータン」が好きだからです。

日ごろはいそがしく、あまりいっしょにすごせないため、休日以外にも毎月1回、ゲームセンターに連れていく日をつくっています。毎月、記念の写真をとるときは、1か月のあいだの成長を感じる機会でもあります。いまは日本でくらしているので、ムジタバとの会話は日本語です。サウジアラビアのことばのアラビア語を教えるのは夫の役割。成長すればしぜんに両方話せるようになると思います。

アズハールさんとスマートフォンで動画を楽しむムジタバくん。

仲よしの6人きょうだい

わたしは姉2人、弟2人、妹1人の6人きょうだいです。これは、サウジアラビアでは特別多い数ではありません。父はもうなくなってしまいましたが、家族とはインターネットを通じてひんぱんに連絡をとりあっています。

結婚式で伝統的な民族衣装を着た夫のハイダールさん（中央）と弟2人。

はなれていても、ちゃんと家族です！

友人に聞きました

子育てと研究、たいへんなのにいつも笑顔でほんとうにえらい！

元同僚
酒井直子さん

サウジアラビア　アルオウェシィール・アズハールさん

やさしくて周囲に気をつかう人

わたしは、以前、アズハールさんが所属している研究所で秘書をしていました。いまはべつの職場にうつってしまったので、会う回数はへりましたが、あいかわらず親しくしています。

アズハールさんは、やさしくて周囲に気をつかう人です。わたしが研究員の人たちに注意をするときには、わたしとみんなとの関係が悪くならないように、アズハールさんがみんなに説明してくれるなどしました。おかげで、研究所のふんいきがとてもよくなりました。

ムジタバくんも直子さんによくなついている。

日本人の感覚に近い

外国語を使えるようになりたくて、わたしは、中学校からヨーロッパに留学していました。その影響で、日本の風習や日本人のものの考え方になれていないところがあります。日本の習慣や日本語でわからないことがあると、まずアズハールさんに聞いてみようと思うくらい、わたしよりずっとふつうの日本人に感覚が近いと思います。

遠慮をしないほんとうの友だち

アズハールさんは宗教上の理由で食べられないものがあるので、食事は合わせるようにしています。でも、どうしても自分が食べたいものがあれば気にせず食べています。「アズハールさんに悪いから食べたくても食べない」なんて思っていては、ほんとうの友だちではなくなってしまいます。

つらいときには相談してくれる

アズハールさんは、子育てと研究でたいへんな毎日を送っています。それだけでもえらいのに、もっとえらいのは、たいへんだといわないで、いつも笑顔でいるところです。

それでもストレスをためてしまって、わたしにメールをくれたこともあります。どうしてもつらいときには、自分のなかにためこまないで、ちゃんと話をして前に進んでいくところも、これもまたえらいと思います。

2人とも行動的な性格で、とても気が合う。

アズハールさんの ここにびっくり！ サウジアラビアと日本

日本の女性は服装がいろいろ！

外出時のアズハールさん。サウジアラビアでは「ニカブ」を身につけて目以外をかくす。

サウジアラビアでは女性の服装に決まりがある

サウジアラビアでは、「女性はまもるもの」というイスラム教の考え方にしたがい、女性は家族以外の男性に髪や肌を見せない習慣があります。

わたしは日本でも、人前では「ヒジャブ」というスカーフをかぶり、肌の見えない服装をしています。急ぎの外出では、部屋着の上に体全体をおおう「アバヤ」を着ることもあります。サウジアラビアでは、かならず目だけが出る「ニカブ」を身につけ「アバヤ」を着なければなりません。そのため、サウジアラビアの女性は、いつも同じような服装になってしまいます。日本の女性が、たくさんの種類のかわいい洋服を着ているのを見てとてもおどろきました。ただし、サウジアラビアでも女性だけの集まりでは、短いスカートやドレスなども着て、とてもはなやかなんですよ。

「ハラール」ってどういう意味？

イスラム教には、服装以外にも多くの決まりや習慣があります。食材では豚肉が禁止されていますが、そのほかの肉も、処理や加工の方法が決められています。イスラム教徒が食べられる方法で加工された食材を「ハラール（ハラル）」といい、日本でもハラール食材をあつかう店やハラールレストランがふえてきています。

日本人はすぐに「すみません」と言う！

サウジアラビアでは自分が悪くなければあやまらない

日本にはじめて来たころ、電車内でぶつかった人から「すみません」と言われ、不思議に思いました。電車がゆれてぶつかってしまうのはしかたないことで、ぶつかった人が悪いわけではないですよね。エレベーターで「開」をおして待っていたりしても、日本人は「すみません」と言いますね。

日本人はやさしいから、自分が悪くなくても、相手によくないことが起きたり、気をつかわせたりするとあやまるのですね。

日本の習慣が身についたいまは、サウジアラビアに帰ったときに、自分が悪くないことでも「すみません」と言ってしまい、変な人だと思われることがあります。

サウジアラビア　アルオウェシィール・アズハールさん

日本では映画がたくさん見られる！

バーレーンにある大型ショッピングセンターには、たくさんのお店のほかに映画館もある。
写真提供：Francisco Anzola/flickr

バーレーンではインドの映画をよく見ました。

サウジアラビアでは映画館が禁止されていた

イスラム教の教えにより、サウジアラビアには映画館がありませんでした※1。そのため、わたしが小さいときには、週末※2（サウジアラビアでは金曜日と土曜日）に、家族と、となりの国のバーレーンまで行って映画を見ていました。規則が変わり、2018年からはサウジアラビアにも映画館ができる見通しです。

※1　バーレーンやアラブ首長国連邦など、同じイスラム教の国でも、映画館が禁止されていない国もある。

※2　アズハールさんが子どものころ、サウジアラビアでは、週末は木曜日と金曜日とされていたが、2013年に金曜日と土曜日に変更された。

男子と女子がいっしょに勉強している!

女性の生活もこれから変わっていきます。

サウジアラビアでは男女がべつべつの学校に行く

　サウジアラビアは日本と同じく、小学校は6年、中学校は3年、高校も3年なのですが、大きくちがうのが、小学校から男女べつべつの学校に行くことです。男子の学校では男性の先生、女子の学校では女性の先生と、教える先生も男女べつです。

　勉強の内容では、サウジアラビアには、イスラム教について学ぶ宗教の授業があります。また、女子は体育の授業がありません。女性がスポーツをする習慣がないためです。ただ、サウジアラビアでも女性ができる活動が少しずつふえているので、近いうちに、女子にも体育の授業ができるようになるかもしれません。

日本の保育園は、教育熱心でおどろいた!

サウジアラビアでは子どもをあずかるだけ

　息子のムジタバは、毎日保育園に通っています。日本の保育園は、本の読み聞かせやお絵かきなど、子どもの能力をのばすことをしてくれるのでおどろきました。サウジアラビアでも、子どもをあずけるところはありますが、あずかるだけで何かを教えてくれることはありません。

　保育士さんは、親への教育も一生懸命やってくれます。子育てのアドバイスをもらえることもあるの

で、1人で子育てをしているわたしとしては、とても助かっています。

データ調べ サウジアラビアをもっと知ろう！

❶ 正式名称	サウジアラビア王国
❷ 首都	リヤド
❸ 面積	220万7,000km²（日本は37万8,000km²）
❹ 地勢	世界最大の半島であるアラビア半島の約80％をしめる。東はペルシア湾、西は紅海に面し、国土のほとんどは砂漠地帯。
❺ 人口	3,293万8,000人〈2017年〉（日本は1億2,558万4,000人〈2017年〉）
❻ おもな言語	アラビア語（公用語）
❼ 民族	ほとんどがアラブ人。そのほか、アフロ＝アジア系、南アジア系など。
❽ 宗教	ほとんどがイスラム教。そのほか、キリスト教、ヒンドゥー教など。
❾ 通貨	サウジアラビア＝リヤル
❿ 日本とリヤドの時差	日本より6時間おそい
⓫ 東京とリヤドの距離	8,715km
⓬ リヤドの平均気温	〈1月〉14.5℃　〈7月〉36.6℃（東京の平均気温は、〈1月〉5.2℃、〈7月〉26.4℃）
⓭ 平均寿命	男性73歳、女性76歳〈2015年〉（日本は男性81歳、女性87歳〈2015年〉）
⓮ 日本にくらすサウジアラビア人の数	926人〈2016年〉
⓯ サウジアラビアにくらす日本人の数	1,322人〈2016年〉
⓰ 世界遺産登録数	4件〈2017年〉

＊揮発油：ガソリンや、しみぬきなどに使うベンジンなど。

首都リヤドでもっとも高くて有名な「キングダムセンター」。

「岩だらけの場所」という意味をもつ世界遺産のアル・ヒジュル古代遺跡。写真提供：Basheer Olakara/flickr

⓱ 日本との貿易

◆ 日本からサウジアラビアへの輸出　5,463億円
- 乗用車 34.4%
- その他 23.8%
- 一般機械 14.8%
- バスとトラック 13.3%
- 鉄鋼 7.9%
- 電気機器 5.8%

◆ サウジアラビアから日本への輸出　2兆1,249億円
- 原油 91.9%
- 揮発油* 2.3%
- 液化石油ガス 2.1%
- 有機化合物 1.3%
- アルミニウムなど 1.0%
- その他 1.4%

〈2016年〉

日本が輸入する原油の3分の1はサウジアラビアからなのよ！

※データの出典は48ページ。

さくいん
（五十音順）

あ行

- アーユルベーダ　7、8
- IT（アイティー）　14、17、18
- アバヤ　42
- アラビア語　40、45
- アラブ首長国連邦　7、13、37、43
- アラブ人　35、45
- アルバイト　17、23、24
- アル・ヒジュル古代遺跡　37、45
- アンカラ　27、35
- イスタンブール　27、30、35
- イスラム教　15、25、29、35、39、42、43、44、45
- イタリア料理　28、29
- イラン・イラク戦争　32
- イラン料理店　39
- インターナショナルスクール　8、14
- インターネット　19、24、30、39、40
- インド　15
- インド料理　9
- 映画館　43
- 英語　8、9、15、33
- 江戸川区　9、10、14、38
- エベレスト山　17、19、25
- エルトゥールル号　32
- オーナム　9
- お米　12、39
- オスマン帝国　29、32
- お祭り　9、10、14、20、30

か行

- 外国語　33、41
- カッパドキア　27、35
- カティーフ　37
- カトマンズ　17、20、23、25
- カトマンズの谷　17
- 空手　27、31
- カレー　8、9、11、12、19、24
- 技術先進国　17
- 教育　17、20、21、44
- きょうだい　7、17、20、27、30、31、40
- キリスト教　15、45
- クリケット　9
- クリスマス　20
- クルド語　33
- 携帯電話　7、13
- ケーララ州　7、8、9
- 結婚　7、11、17、20、21、37、39、40
- 結婚式　11、14、20、30、40
- 原油　38、45
- 子育て　37、38、41、44
- こたつ　34
- コミュニティ　10、14
- コンビニ　19、24、27
- コンピューター　18

さ行

- 在留外国人　3
- サウジアラビア王国　45
- サウジアラビア＝リヤル　45
- サッカー　27、31
- 地震　23
- 情報技術　14、17、18
- スパイス　8、11、19、29、30、31
- スマートフォン　10、19、40
- 制服　14
- 世界遺産　7、15、17、25、27、35、37、45
- 世界三大料理　29
- 葬式　22

た行

- タージ・マハル　7、10、15
- 大学院　21、37、38

ダルバート・タルカリ	18、19
チャイ	28
中華料理	19、29
デリー	7、15
電気製品	37
電車	11、13、23、43
ドイツ語	33
トイレ	24
東京ディワリフェスタ西葛西	9、14
ドバイ	7、13
トルコ共和国	35
トルコ語	35
トルコ料理	27、28、29、30
トルコ=リラ	35
ドレスコード	14

な行

ニカブ	42
日本語	7、8、9、17、18、19、28、40、41
日本語学校	7、17、18、37
日本製品	7
ネパール語	25
ネパール=ルピー	25
ネパール連邦民主共和国	25

は行

ハーブ	7、8
バーレーン	37、43
博士課程	37、38
はし	8、9、24
パソコン	10、18、19、38
ハラール	42
ヒジャブ	42
ビデオ通話	31、40
100円ショップ	13
ヒンディー語	8、15
ヒンドゥー教	14、15、19、20、22、24、25、45
服装	14、42
豚肉	29、39、42
仏教	25
仏教徒	19、20、22
武道	27
フランス語	33
フランス料理	29
プログラマー	16、18
プログラミング	17、18
平均寿命	21
弁護士	40
保育園	38、39、40、44
放射性物質	37、38
訪日外国人	3

ま行

マナー	13、22、24
マラヤーラム語	8
ミールス	12
右手	8、9、24、39
民族衣装	14、40
メッカ	37、39
喪服	22

や行

ヨーグルト	29

ら行

リトル・インディア	14
リヤド	37、45
留学	17、20、21、37、41
料理教室	26、27、28、29
料理人	27、28、30
ルピー	15
レストラン	27、28、30、42
レンガづくり	23

わ行

ワン猫	29

監修

佐藤 郡衛（さとう・ぐんえい）

明治大学国際日本学部特任教授。1952年福島県生まれ、東京大学大学院博士課程修了。博士（教育学）。東京学芸大学国際教育センター教授、東京学芸大学理事・副学長、目白大学学長、外務省海外交流審議会委員、文部科学省文化審議会 国語分科会 日本語教育小委員会委員等を歴任。著書『異文化間教育』、『国際理解教育』（ともに明石書店）など多数。

取材協力

株式会社サビンサジャパン・コーポレーション
株式会社サントラスト
ニキズキッチン英語料理教室

写真協力

Pixabay
写真AC
photolibrary
shutterstock
PIXTA

スタッフ

編集・執筆	吉田美穂
	前田登和子
	安藤千葉
撮影	大森裕之
	舩田 聖
イラスト	いのうえしんぢ
	上垣厚子
校正	佐野悦子
	板谷茉莉
デザイン・DTP	ごぼうデザイン事務所
編集協力	遠藤喜代子
編集・制作	株式会社 桂樹社グループ

※P15、25、35、45のデータの出典
①〜③,⑤〜⑨,⑫,⑰『データブック オブ・ザ・ワールド2018年版』二宮書店　③外務省ウェブサイト「国・地域」　⑩,⑪『理科年表 平成30年版』丸善出版　⑪国土地理院ウェブサイト「距離と方位角の計算」⑫気象庁ウェブサイト「世界の天候データツール」　⑬「世界の統計2017」総務省　⑭「在留外国人統計（2017年6月末）」法務省　⑮「海外在留邦人数調査統計（平成29年要約版）」外務省　⑯"World Heritage List" UNESCO

※本書で紹介している見解は個人のものであり、また、風習には地域差や各家庭による差があることをご了承ください。

聞いてみました！
日本にくらす外国人 2
インド・ネパール・トルコ・サウジアラビア

発行　2018年4月　第1刷

発行者	長谷川 均
編集	松原 智徳
発行所	株式会社 ポプラ社
	〒160-8565 東京都新宿区大京町22-1
	振替　00140-3-149271
	電話　03-3357-2212（営業）
	03-3357-2635（編集）
	ホームページ　www.poplar.co.jp
印刷・製本	共同印刷株式会社

ISBN978-4-591-15753-4　　N.D.C.375　　47p　　29cm　　Printed in Japan

- 本書のコピー、スキャン、デジタル化等の無断複製は著作権法上での例外を除き禁じられています。本書を代行業者等の第三者に依頼してスキャンやデジタル化することは、たとえ個人や家庭内での利用であっても著作権法上認められておりません。
- 落丁本・乱丁本は送料小社負担にてお取り替えいたします。小社製作部宛にご連絡下さい。
　電話0120-666-553　受付時間は月〜金曜日、9:00〜17:00（祝日・休日は除く）。
- 読者の皆様からのお便りをお待ちしております。いただいたお便りは編集部から制作者にお渡しいたします。

聞いてみました！日本にくらす外国人

N.D.C.375　監修：佐藤 郡衛

全5巻

1. 中国・韓国・フィリピン・ベトナム

2. インド・ネパール・トルコ・サウジアラビア

3. アメリカ・カナダ・ブラジル・コロンビア

4. イギリス・イタリア・ロシア・エストニア

5. オーストラリア・ニュージーランド・ナイジェリア・マリ

小学校高学年〜中学生向け　オールカラー
A4変型判　各47ページ
図書館用特別堅牢製本図書

★ポプラ社はチャイルドラインを応援しています★

こまったとき、なやんでいるとき、
18さいまでの子どもがかけるでんわ
チャイルドライン®
0120-99-7777
ごご4時〜ごご9時　＊日曜日はお休みです
電話代はかかりません　携帯・PHS OK